U0644921

《活法》
亲子实践版

培育孩子的美好心灵

稻盛和夫 监修
周征文 译

人民东方出版传媒
People's Oriental Publishing & Media
東方出版社
The Oriental Press

序言

1

培育美好心灵的重要性

稻盛先生给孩子们的话

孩子们，你们将来是社会的栋梁。有一件事，我觉得必须告诉你们。在人的一生中，什么最重要？答案是培育美好的心灵。

一个人的心灵为什么这么重要呢？这是因为心灵就像人生的画板，画出的东西，就是人生的结果。如果拥有美好的心灵，人生就会有好结果；如果拥有丑陋的心灵，人生就会有坏结果。也就是说，人的心灵能够左右人生。

我在自己的人生和经营企业的过程中明白了这个道理，所以一直努力让自己的心灵变得更美好。

这本书里有我多年的经验，希望孩子们读后，能够明白美好心灵具体是什么。本书以我的思想为基础，用简单易懂的语言、图片和漫画的形式，让孩子们轻松快乐地学到东西。

孩子们，希望这本书能够启发你们拥有美好的心灵，将来实现远大梦想，度过精彩人生。

稻盛和夫

序言

2

用心灵的力量，实现自己梦想的稻盛和夫是怎样的人？

极度认真
坚定意志
利他之心
人生方程式
燃烧的斗魂
永不放弃
他力之风
实现梦想
挑战自我

稻盛先生是一个了不起的人。他创立了一个叫“京瓷”的大公司，像电视呀，手机呀，大家日常生活中许多工具里面的一些零件都是“京瓷”公司生产的。不光这样，他还建立了另外一家叫“KDDI”的电信公司，还挽救了一度破产的日本航空公司（JAL）。大家都很尊敬他。

创立了京瓷公司

“京瓷”公司最初是一家只有28人的小公司，但现在它是一家超级大公司，在全世界有231家子公司，一共有7万多名员工。

拯救了日本航空公司

2010年，日本航空公司破产了。政府拜托稻盛先生救救这家公司。于是他努力灌溉员工们的心灵，改变了他们的思维方式。结果，公司复活了。

建立了电信公司

很久以前，日本只有一家电信公司，电话费很贵。稻盛先生为了让大家打电话能便宜些，建立了新的电信公司。

但稻盛先生原本也是个普普通通的人，并没有超人的才能。但正因为这样，他努力培育自己的心灵，思考怎样才能实现自己的梦想，并且不断努力。

➡第95—103页的漫画介绍了稻盛先生的生平。

序言

3

如何用这本书学习培育美好心灵

轻松地看图画和漫画，就能学到稻盛先生的思想。知道了他的思想后，再培育自己的美好心灵，就一定能够实现你的梦想！

体谅之心
“两颗心”
人有完全相反的“两颗心”：
一颗是“只顾自己”的心，
另一颗是
“乐于助人”的心。
一个人独享
与大家分享
看起来很好吃……
12
漫画《应该谦让吗？》
我应该把自己的位置让给她吗？
好，这么办！
茶水
太好了！

“道理”和“漫画”相结合

美好心灵具体是什么？这本书每4页归纳1点。以上面两页为例，左边是稻盛先生想要告诉大家的重要道理，右边用漫画的形式为大家解释说明。

“图画”和“说明”相结合

以下面两页为例，一页是图画，一页是说明。看过之后，便能更明白稻盛先生想讲的道理哟。

“体谅”之心

“极度认真”的效果

“梦想”的力量

“工作”的意义

做到以上这些，将来就能够成为实现自己梦想的大人！

目录

培育孩子的美好心灵

1章 要培育“体谅之心”！ 11▶34

2章 要“极度认真”地活着！…… 35▶54

3章 “梦想”一定会实现！…… 55▶74

1 章

要培育“体谅之心”！

“两颗心”

人有完全相反的“两颗心”：
一颗是“只顾自己”的心，
另一颗是
“乐于助人”的心。

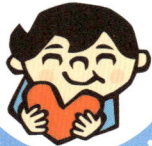

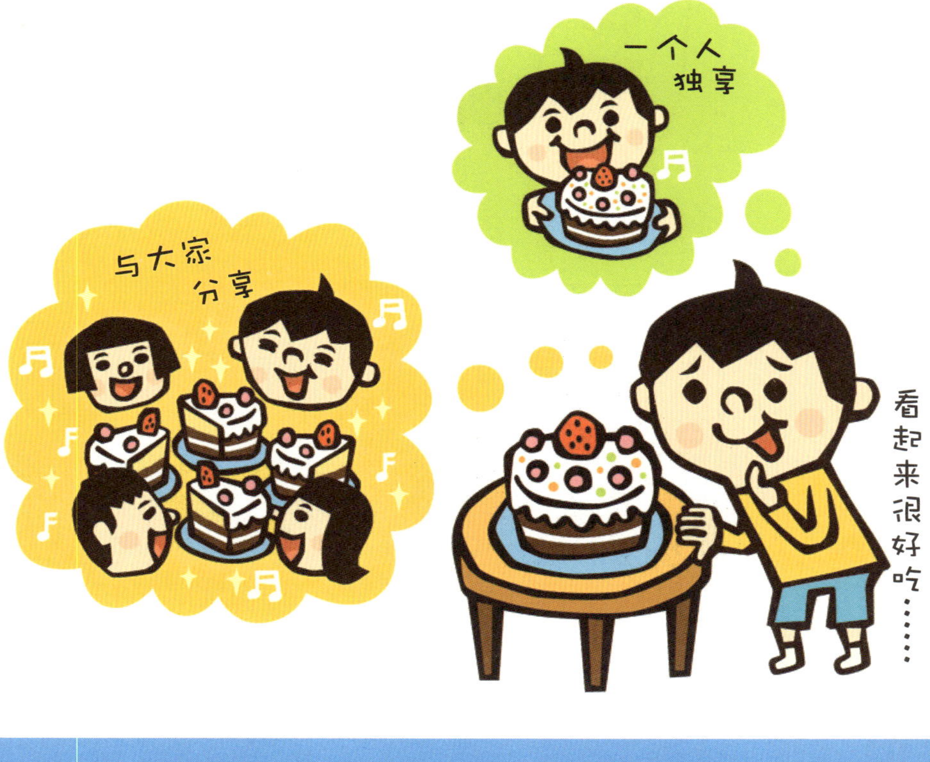
一个人
独享
与大家
分享
看起来很好吃……

漫画《应该谦让吗？》

口好渴，好想快点儿喝到茶！
公园
茶
水
排队
咳咳嗽嗽
咦？排在后面的那位同学，好像等着要用水来服药？
我应该把自己的位置让给她吗？
【我的心中】
口好渴，不用让给别人，我好想早点儿喝到茶！
那位同学需要帮助，把位置让给她吧！
好，这么办！
喂，我和你换个位置吧！
你要吃药，是吧？
那你先来吧！
嗯
谢谢大家！
太好了！

灌溉『乐于助人』的心，管好『只顾自己』的心。

人都有两颗心：一颗是“只顾自己”的自私之心，另一颗是“乐于助人”的关爱之心。

实际上，再好的人也有自私之心，再坏的人也有关爱之心。关键要区别对待它们，灌溉好的，管住不好的。

【自私之心（利己）】

嘘！别吵！
自己最重要！
一边去！
给我变小！
老实点儿！

自私之心也就是利己思想，大家要努力管好它哟！

心中

重要的道理

利他

利他就是帮助别人、重视别人。如果想给大家带来幸福快乐，并实现自己的远大梦想，就必须一直灌溉利他之心，让它越长越大。

利己

利己就是只重视自己的思想，每个人都有这种思想，所以不用觉得有这种思想是错误的。但要注意，如果一直灌溉它，让它越长越大，就会招来不好的东西，也很难实现远大梦想。

【关爱之心（利他）】

别人
最重要！
要加油哟！
灌溉它！
要变大哟！
珍惜它！

关爱之心也就是利他思想，大家要努力灌溉它哟！

地狱和天堂的区别

地狱和天堂，

它们表面上看起来完全一样。

唯一的区别是那里的人

有没有体谅之心。

哎呀！
你老是欺负人，当心以后下地狱哟！
你是谁呀？
嗖
神仙老爷爷？
哼……地狱什么的我才不怕呢！
是吗？那么我送你去参观一下？
咦？
啊啊啊！
咚
这就是地狱？果然没啥了不起的吗。
咕咕咕
肚子好饿！
！
我也要吃！
看起来味道应该不错。
啊！
筷子太长了……
完全吃不到……
你们搞什么！
喊！别碍事！
肚子饿死了！
呜呜

不能只顾自己，要想到别人！

说到天堂和地狱，不少人都觉得天堂是个快乐的地方，而地狱是个可怕的地方。但其实呀，两个地方表面上看起来一模一样。

唯一区别是两个地方的人的心灵不同。大家是否有“体谅之心”“利他之心”，会让同样的地方变得完全不同。

人往往会不自觉地把自己放在第一位，要改变这样的想法，就要试着先考虑别人，想想自己能为别人做点什么。

乌冬面火锅

夹不住……
啊！又弄掉了……
让我吃啦！
太好了！
你先吃吧！
好好吃！

天堂和地狱都有一口大锅和超长的筷子

天堂也好，地狱也好，都有一口大锅，里面煮着乌冬面。要想吃到面，只能用一种好长好长的筷子夹。天堂里的人都有“利他之心”，大家用筷子夹起面，送到别人的嘴里，这样大家都能吃到面。地狱里的人只有“利己之心”，个个只想着填饱自己的肚子，结果谁都吃不到面。

利他之帆、他力之风

如果你努力扬起“利他之帆”，
就能够接受“他力之风”
的推动。
也就是说，
周围的人都会帮你。

漫画《能进球就行了》

喂
喂
交给我！
咚
耶！
传球传球！把球给我！
嗖
嗖
好！
哔哔哔
我说，你有时候也该把球传给别人哪！
啊？该传的时候我会传的，但我自己来更容易得分嘛！
……
哔
这阵势……靠我一个人有点儿困难。
谁来接应……
咦？
谁来接应……
咦？
不理
啊！
大家为啥不理我？

扬起『利他之帆』，接受『他力之风』。

他人之力
他力
还差一点儿，
加油！
他力
谢谢你曾经
帮过我！
如果你有一颗“利他之心”，经常帮助别人，那些你帮过的人就会给你力量！
利己
如果你一直自私自利，扬起的就是“利己之帆”，那就没人会来帮你。
利己

他力之风

扬起“利他之帆”，受到“他力”的推动，就能够朝着自己的梦想不断前进。

光靠自己一个人的力量，能做的事情总是有限的。如果想要实现远大梦想，就需要“他力”（他人的力量）。

就像上面这艘船一样，如果平时一直扬着“利他之帆”，那些你曾经帮过的人好比推动帆船的风，也会来帮助你前进。

告诉你更多

获得『他力之风』的伟人——西乡隆盛

西乡先生是怎样的人？

失败也不放弃的人

他曾经两次被流放到遥远的小岛上，却从不灰心丧气，一直坚持梦想。

日本江户时代的人

在江户时代，日本有个叫萨摩的地方（现在叫鹿儿岛），他是那里的武士。

大家立铜像纪念的人

1898 年，大家把他的铜像立在了上野公园，现在铜像依然在那里。

终结江户时代的人

为了把日本变成平等的社会，他取消了武士等特权阶级。

西乡隆盛和他的爱犬

为国家做出贡献的人

国民需要学校教育，国民需要警察保护，这些都是他提议的。

历史上的伟人

大家听说过西乡隆盛吗？他是历史上的伟人，在日本从江户时代向明治时代过渡的过程中，他起到了关键作用。

其实，他就是前面所说的那样，因为扬起“利他之帆”而获得了巨大成功。

西乡先生和稻盛先生的共同点

敬天爱人

西乡先生和稻盛先生的思维方式

西乡先生的座右铭是“敬天爱人”，这也是稻盛先生的座右铭。

敬天爱人中的“天”是指世上的一切。也就是说，要尊敬和感谢世间的一切，并且关爱他人。

不自私自利，为他人做贡献。这是西乡先生和稻盛先生两人共同的想法。

西乡先生
赋税太重了！
明白了

虽然他是武士，但为了减轻贫农的生活负担，拼命努力。

稻盛先生
要把电话费降下来！
电话费好贵呀！
就是呀！

为了让大家打电话更便宜，他建立了新的电信公司。

要经常说谢谢

不管是高兴的时候，

还是难过的时候，

都要学会感谢。

漫画《只准说“谢谢”?!》

牌出完了！
啊？我输了。
惩罚游戏
输了的人，一整天只准说『谢谢』！
这可怎么办嘛？
你的东西掉了。
啪
谢谢！
不客气！
哦！
原来这样简单！
我赢了！
虽然好不甘心……
谢谢！
谢谢！和你一起赛跑很开心！
咦？
没想到她会这么说……
快去做作业！
（提醒我）
谢谢！
居然这么积极，真是好孩子！
真烦人……
哎呀哎呀！
居然被表扬了？
咦？好像并不倒霉。
（反而感觉非常好）

要学会感谢：『南无、南无，谢谢！』

被妈妈批评了，
真是灰心丧气……
谢谢！
但是……
妈妈其实是关心我，是为了让我
下次不再犯同样的错误。

人字的结构就是相互支撑，大家活在这个世界上，一定需要他人的帮助，所以不能忘记这一点——时时刻刻心怀感激。

在稻盛先生小的时候，有位僧人教导他，要经常在心中默念“南无、南无，谢谢！”，而他也这么做了。

哪怕碰到困难，哪怕有难过的事，也不能忘记感谢别人。如果你坚持这么做，就一定会有好事发生。这是咱们这个世界通用的道理。

因为下雨，远足取消了，
好失望……
谢谢！
但是……
太阳公公可能觉得换一天出去玩更好，所以才不露面。
布置一堆作业，
真不想做……
谢谢！
但是……
老师是为了让我们变得更聪明，所以才鞭策我们。
和朋友吵架了
怎么办……
谢谢！
但是……
朋友正因为与我心有灵犀，所以才直话直说的。
南无、南无，
谢谢！

抱怨的话尽量不要说

在碰到不好的事情时，大家往往会不知不觉地抱怨。要知道，如果把抱怨挂在嘴边，不好的情绪就会扩大。相反，即便碰到不好的事情，如果依然用积极的话语来评价，心情也会变得明朗。

心灵庭院

人的心灵就像庭院，
要经常除草和打理，
才能够开出美丽的花朵。

漫画《你的“心灵庭院”长啥样？》

拔掉不好的杂草，播下美丽的种子！

庭院如果不打理，就会长满杂草。

其实人的心灵也是一样的。只顾自己的“利己之心”就好比杂草，为他人着想的“利他之心”就好比鲜花。要经常拔掉不好的杂草，播下美丽的鲜花种子。

播下美丽的种子
要一粒一粒地播下美丽的鲜花种子（利他之心）。
拔掉不好的杂草
要一棵不留，拔掉不好的杂草（利己之心）。

除掉害虫
对于害虫（坏想法），要认真驱除。
认真浇灌
对于心中的花朵，要认真浇灌。
勤于耕耘
为了让好事发生，要辛勤耕耘。
筑起围栏
要用围栏保护庭院，不让坏东西进来。

1 章 总结

1 人有两颗心，一颗“利己之心”，一颗“利他之心”。

2 在天堂还是地狱，取决于你的心灵！

3 为他人扬起“利他之帆”，最后会给自己带来幸福！

4 高兴时也好，难过时也好，都要学会感谢！

5 心灵就像庭院，要经常打理它，让它变得美丽！

2 章

要“极度认真”地活着！

极度认真

一直全力奔跑

要始终

拼命努力，

保持

“用百米冲刺的

速度跑马拉松”

的气概！

好快！

喂
他不要
紧吧……
坚持，再坚持
好厉害！

漫画《只要努力一定能行》

这里是忍者学校。
大家好！今天我教你们忍术的基本功——跳高。
啊，太好啦！
那么，你们先试着跳50厘米。
嗯
嗖
嗯
嗖
啊
啊！
啊！
啊！
嗯……你还远远不够格。从今天起，要对你进行特训！
啊！
这就是特训内容。
第1天
1厘米
每天增加1厘米
第50天
50厘米
从今天起，你每天要跳100次！
100
什么？100次？！
第1~15天
100次，好累……
呼呼
第16~40天
加油 加油
嘿！
加油
加油
第41~49天
咿咿咿
第50天
好，今天又到了挑战50厘米的日子！
嗖
嗖
心怦怦跳
好！
耶！
嗖

人生就像一场漫长的马拉松。每天都要使出全力，拼命奔跑。

全力冲刺

稻盛先生现在是大公司的会长。但公司刚成立的时候，规模非常小。为了不输给其他公司，他每天“极度认真”地努力工作。

周围的人看到他这样，对他说：“你这么拼，坚持不了多长时间的。”但他却一直坚持了下来，最终取得了了不起的成功。

人生就像一场漫长的马拉松，要跑好几十年。有的人认为，如果每天都全力冲刺，就会筋疲力尽。但其实只要有一颗“坚强的心”，就能够跑出傲人的成绩。

重要的道理

极度认真

“认真”是一种态度。稻盛先生在“认真”二字前加上了“极度”，意思是“比认真还要认真”。“极度认真”的态度中蕴藏着巨大的能量哟。

“极度认真”的效果

不管干什么，

都要“极度认真”。

只要活在当下，

认真做好眼前的事，

就一定会有好事发生。

漫画《通过不断积累，创造伟大纪录》

咚
哇哇！
铃木一郎好厉害，创造了4000次击球成功的纪录呢！
4000次
真是如此呀！
吃点心吧！
耶！
啊，好多！
啊！
铃木一郎的击球数就像这盘巧克力豆，一球一球努力积累，最后有了4000次！
4000次
日积月累
原来如此！
我们也要一球一球地努力，成为像他那样了不起的棒球手！
既然这样……就别顾着吃点心了，去练习才对。
呃
是呀！
哦！
咱们走！

做到『极度认真』，是实现远大梦想的最好捷径。

【职业足球运动员】

为了提高球技，下雨天也练，一个人也练……也曾因为输了比赛而流下不甘心的眼泪。

【医生】

为了通过艰难的资格考试，拼命学习。当上医生后，每天依然不断努力。

大家肯定都有远大的梦想。比如成为专业运动员等等。要实现梦想，就需要每天“极度认真”地努力。那些了不起的人，都是靠脚踏实地、极度认真地努力，日积月累，最后才取得成功的哟。

【游戏开发者】

为了开发出好玩的游戏，经历了无数的失败，不断努力后才成功。

【厨师】

经过一次次失败，最终才能做出一桌好菜。

【笑星】

为了让大家哈哈大笑，每天坚持一些枯燥的练习。

用“极度认真”的精神来克服困难！

在努力的过程中，会碰到看似“做不到”的屏障，但稻盛先生说，“极度认真”的精神，能够打破这种屏障。这是他的人生感悟。所以说，越是碰到困难的时候，越要有“极度认真”的精神。咬紧牙关，胜利就在前方！

人生是乘法

决定人生好坏的是

一种方程式——

“思维方式”×“热情”×“能力”。

漫画《自己不行怪父母？》

儿童节
谢谢大家！
他好受欢迎，真羡慕。学习又好，运动又棒。
他父母肯定是牛人，遗传得好。
我们就死了这颗心吧。
嗯
回家吧
哒哒哒
咦？你干吗这么急？
啊！你们好！我必须快点儿回去帮父母干活。我家里是开小店的。
啊？你真不容易。
每天这样很烦吧！
没有的事！
蔬菜虽然重，但搬它们长力气。给客人找钱要计算，提高了我的算术成绩。
最重要的是，父母会开心！
啊，我得走了，再见！
我……我也去帮妈妈干家务。
那我也……
哈哈哈……

决定人生的并不只是能力，思维方式和热情才重要！

人生由三要素决定。它们是“思维方式”（就是想干什么，希望做什么）、“热情”（就是努力的态度）、“能力”（就是拥有的天资）。这三个要素相乘，得到的就是人生的结果。稻盛先生把它叫作“人生方程式”，并且很重视它。

下面让我们来看看，到底什么是人生方程式。

什么是思维方式？

就是一个人的想法、一个人的心灵。如果想法积极，就能为“热情”和“能力”加油；如果想法消极，就会拖它们的后腿。

什么是方程式？

方程式就是一种算式。可能大家觉得有点儿难，没关系，先把它当成“乘法算式”就行了。

乘法

什么是热情？

就是指一个人的干劲，努力“想做成那件事”“想成为那样的人”。它的重要性仅次于思维方式。

什么是能力？

比如头脑好、运动好等等，这些天生的长处就是能力。虽然能力很重要，但光靠它是无法成功的。

告诉你更多

为什么贝多芬能够不断创作出伟大的音乐？用『人生方程式』告诉你

贝多芬的人生方程式

贝多芬是有名的德国作曲家。尽管人们称他为“天才”，但这并不是他成功的唯一原因。他之所以能实现梦想，是因为遵循了“思维方式”×“热情”×“能力”的人生方程式。

贝多芬

漫画《贝多芬的“思维方式”×“热情”×“能力”》

能力
1770年，他出生在德国的一个音乐之家。
哇哇哇！
他7岁时参加钢琴演奏会。
真棒！
天才！
并正式开始学习作曲。
24岁时，他以作曲家的身份出道！
1
2
3
4

热情
28岁时，他的听力开始衰退。
咦？耳朵听不清了。
他的耳朵越来越不好使，30岁时几乎聋了。
完了，我的音乐家生涯……
但他对音乐的热情不减，因此他试着转变心态。
虽然耳朵听不见了，但我依然要用音乐来表达我的想法！
于是，他一边和听力障碍作斗争，一边坚持创作，最终创作出了许多名曲。
思维方式
贝多芬是一个永不放弃的完美主义者。
嗯？不对！要修改！
『努力的人不一定都成功，但成功的人一定很努力。』
——贝多芬
正因为有这样的思维方式，贝多芬才能战胜困难，成了一名伟大的音乐家。

心中的磁石

大家的心里都有一块磁石。

意志坚定的心灵

会招来好东西，

意志薄弱的心灵

会招来坏东西。

漫画《"懒惰鬼"成了我的伙伴？》

4
别怕，我是你的好伙伴。

真的？

3
啊？！

懒惰鬼

懒惰鬼

2
扫地真麻烦……干脆偷懒回家算了。

1

8
1·2·3·4

7
上体育课很累的。

那别上了，身体不舒服，就说。

懒累

懒惰鬼

6

5
没错！扫地太麻烦了！回去吧！我支持你。

好，听你的。

懒惰鬼

13
嘿嘿嘿

懒惰鬼

懒惰鬼

懒惰鬼

好像被鬼附身了一样……

12
最近他周围的气氛怪怪的……

11
懒惰鬼

10
作业给我抄一下！

9
那别做了，抄别人的就行。

做作业真麻烦……

懒惰鬼

懒惰鬼

转变心态，让心灵变成吸引好东西的磁石！

人的心里有一块磁石。意志坚定的心灵会招来好东西，意志薄弱的心灵会招来坏东西。

不管是好东西，还是坏东西，其实都是自己的心灵召唤来的。换句话说，一个人的人生，其实由他的心态所决定。

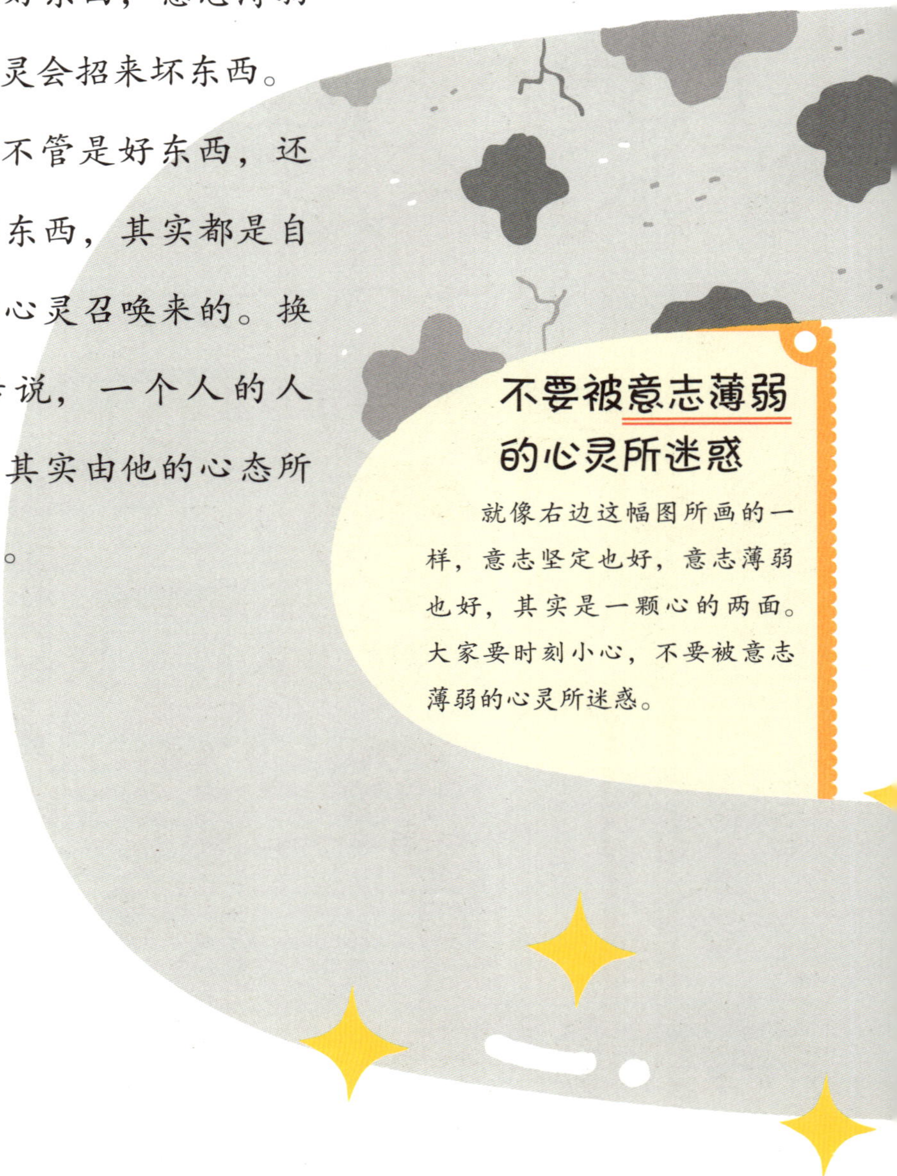

不要被意志薄弱的心灵所迷惑

就像右边这幅图所画的一样，意志坚定也好，意志薄弱也好，其实是一颗心的两面。大家要时刻小心，不要被意志薄弱的心灵所迷惑。

磁石

意志
薄弱的
心灵
招来坏
东西
意志
坚定的
心灵
招来好
东西

2 章 总结

1 努力不能有所保留，
要时刻全力以赴！

2 不管做什么都要“极度认真”，
每天都要拼命努力！

3 决定人生最关键的东西不是天生的能力，
而是“思维方式”！

4 心灵像磁石，
要培养“勤劳之心”，吸引好的东西。

3 章

“梦想”一定会实现！

“梦想”的力量

“梦想”是一切的起点。
只有梦想强大，
才能成真。

漫画《大家的梦想是什么？》

我一定要成为宇航员！
你不行啦，不可能的。
我一定会的！
少吹牛了。
别吵了！
那你呢？长大后想成为什么？
这个嘛……当个有钱人？
好含糊的回答。
具体的计划呢？
啊？
哼……
那你呢？具体计划呢？
这个嘛……
你看看你，毫无计划嘛。
胡说，我一定会成为宇航员的。
一定会！
一定会！
一定会！
好厉害！
哦哦哦
他好像真能成……

要想实现梦想，『自信』比『做法』更重要！

要成为棒球运动员！
要成为宇航员！

梦想和目标越大，就越容易有退缩的想法，比如“做不到”“很难实现”等等。而周围的人也可能泼冷水，对你说“你做不到”。

要成为医生！
要成为木工！

梦想

要成为
歌手！

要成为
设计师！

要成为
科学家！

但如果自己对自己都没信心，那什么梦想都是空谈。“一定会”“一定行”，只有这样坚定地相信自己，梦想才能起航。这份自信能把“不可能”变成“可能”！

要成为
飞行员！

要成为芭蕾舞演员！

未来的你也能够做到

人的潜力无限。

今天的你虽然做不到，

但只要坚信自己、

不断努力，

明天的你一定能做到。

漫画《为什么说“一定能行”？》

不行，单杠起身，我完全做不到！
别放弃。你一定能行的！
啊？我不行的啦！你怎么对我这么有信心？
看，像这样。
要相信自己一定行！
啊
啊
还差一点儿！还差一点儿！要有信心！
呜呜呜……
啊!!
嗖
啪
我……我做到了！你怎么知道我能行的？
因为……我是明天的你呀。

不要认为自己做不到，应该相信自己『努力后就能做到』。

大家想一想，现在你们能做到的事，其中有许多是之前做不到的吧！所以说，人的力量会不断成长。

既然如此，哪怕现在做不到的事，也要相信自己“努力后就能做到”。越是相信自己，力量越会成长。总之，强烈的信念是实现梦想的最佳捷径。

一定要
成为正式队员！
嗯嗯嗯嗯

信心

哪怕跟不上大家的训练节奏……
等等我……
7
4
咬紧牙关坚持！
哪怕球技一直不见长进……
1、2……啊……
努力地坚持就能成功！
哪怕有强大的竞争对手……
咚
要比他更努力！
果然努力就能成功！
成了正式队员！

潜力的秘密

潜力，就是你身上所隐藏的力量。让大脑中沉睡的部分苏醒，就能激发强大的力量！

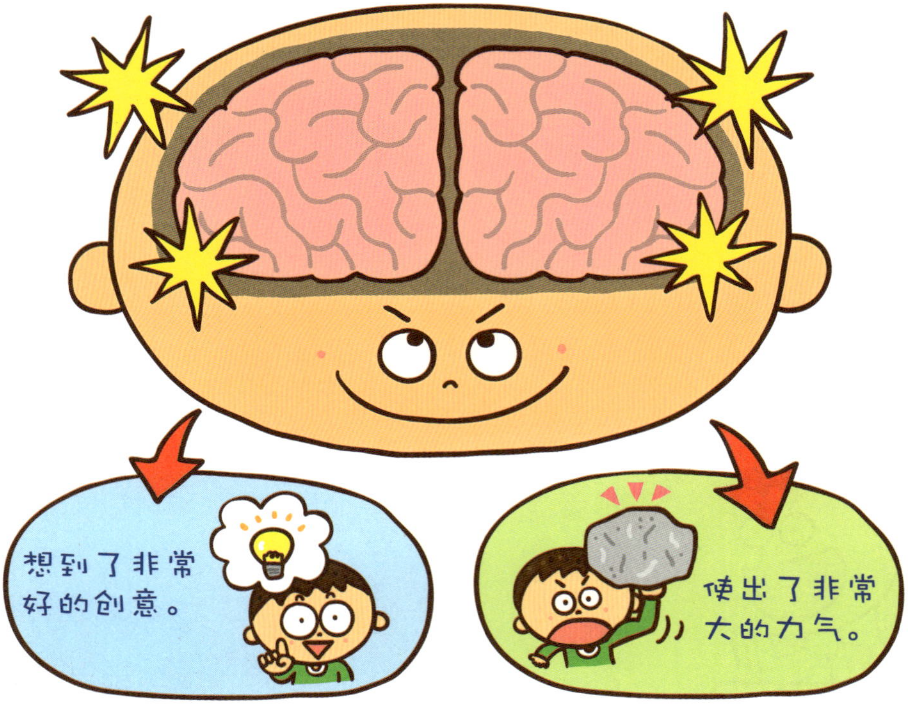
想到了非常好的创意。
使出了非常大的力气。

什么是潜力？

有个现象叫“火灾现场的爆发力”。它指的是在火灾等紧急情况下，为了搬走贵重的东西，人的力气会变得非常大。这种“爆发力”就是潜力。稻盛先生一直相信自己的潜力，即便遇到困难，也积极乐观地持续努力，最终实现了梦想。

激发潜力的方法

1 乐观的态度

不管遇到什么困难，都要乐观地面对，并坚持努力。如果悲观消极，潜力是没法激发出来的。

潜力
雨好凉快，挺舒服的！

谁帮忙搬一下这个……
我来！
潜力

2 主动的态度

做事要自觉主动，不要等别人要求你再去做。这一点很重要。

3 强烈的愿望

自己的愿望要日日想、时时想。如果梦想不够坚定，潜力是没法发挥出来的。

潜力
嘻嘻嘻

目标要远大

树立目标时，要志向远大。

不能是

“稍作努力就能达成”

的小目标。

要相信自己，

树立远大的目标。

漫画《目标应该大还是小？》

嗯……
哥哥，你在干吗呢？
我在做寒假作业，老师要我们用毛笔写下将来的目标。
哥哥，你说过，以后要当飞行员的，对吧？
……
怎么了？
当飞行员可不容易！要努力学习，要进专业学校……
那你不想当了吗？
嗯……
有了，当飞行员不着急，先定个小目标……
搞定
了解各种飞机型号
哥哥真逊……

只有目标远大，梦想才能实现。

目标远大的人，才能取得巨大的成功。如果目标很小，那么收获也很小。

一旦树立了远大的目标，就不得不时刻督促自己注入能量，最终取得巨大成功。

【梦想要远大！目标要远大！】

要成为作家！
要成为设计师！
要成为警察！
要成为宇航员！
要成为政治家！
要成为博士！
要成为职业网球运动员！
要成为医生！
要成为飞行员！
要成为演员！
要成为教师！

目标

【如果只定下小目标……】

咚
回弹的力量也很小！
▮只能取得很小的收获。
目标
滚动
轻轻扔出
嘿
轻松拿起
目标

【如果定下大目标……】

砰！
咣！
目标
回弹的力量也很大！
▮取得巨大的收获。
全力扔出
嗬
光拿起就非常费力
哎哟
目标

梦想

“不失败”的秘诀

在觉得
“自己已经不行了”
的时候，
依然咬紧牙关、
坚持到底。
只要做到
“不成功不罢休”，
最终就不会失败。

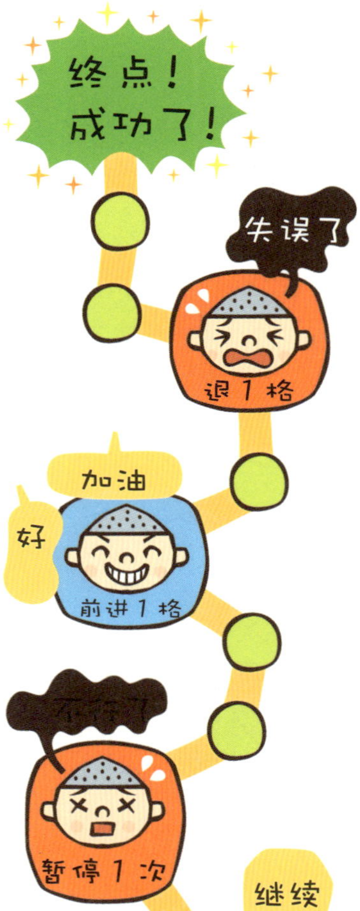

终点！
成功了！
失误了
退1格
加油
好
前进1格
不行了
暂停1次
继续
努力
前进3格

出发
失败了
退1格
起点

漫画《怎样才能成功？》

青少年天才研究所
轰隆！
博士，这个实验已经失败1000次了，咱们放弃算了。
嗯……
不行！这个研究项目关系到我们青少年的未来！
好吧……
哒哒哒
哼哼，我已经实验成功了。我从没失败过，轻松搞定。
生气
你们继续加油吧。
气人！为什么我总是失败？
嘿嘿嘿
暗中观察
别听她那么说，其实她很努力的。重复了15000次实验，最后才成功的。
15000
成功了！
她的助手
我是
她好厉害！好厉害！
我也要努力！

『我只能做到这个程度』不要这样限制自己的可能性。

“想做这个”“想当那个”……树立了自己的目标并开始努力后，要有“必须实现”的意志，还要有“坚持到底”的毅力。

怎样做到“不失败”

在工作中，稻盛先生不管失败多少次，都从不放弃，最终实现了远大梦想。换句话说，哪怕失败了，也不要把失败当结果，而应该坚持努力，直到成功。这样一来，中途的失败也就不算失败了。

失败
肚子饿，
走不动了……
成功
填饱肚子，
重新挑战！
失败
受伤了……
成功
去医院治好，
重新挑战！
失败
悬崖峭壁
爬不上去……
啊……
成功
备好登山工具，
重新挑战！
失败
前方没路，
无法前进……
成功
找人帮忙，重新挑战！
桥建好了
谢谢
终点
我成功了！

3 章 总结

1 要实现远大梦想，
首先要有强烈的信念。

2 要相信自己，今天做不到的事，
明天就能做到！

3 目标要远大，
小目标不能成大事。

4 失败后不要放弃，
只要坚持，定能成功！

4 章

什么是工作？

告诉你更多

大人们为什么要工作？告诉你工作的本质

工作

比如厨师，为了来餐厅的客人，要烧菜烧饭。每个人的辛勤工作，都是为了服务他人。

赚钱

工作辛苦，但作为报酬，工作的人能够得到钱。

工作是维持人类社会的动力

变成大人后，为什么要工作？工作有许多意义，下面就让稻盛先生来告诉大家。

先讲“为什么要工作”，这是工作的本质。

花钱

嗯……
怎么花呢……
生活
鱼
娱乐
哔
哔

有了钱，就能买东西。钱可以用在生活上，也可以用在娱乐上，这是个人的自由。但要知道，花钱不仅能让自己开心，也在为别人做贡献。

给别人工作的机会

售货员
哔！
哔！
程序员

比如买游戏软件，花出去的钱到哪里了呢？到了卖软件的售货员和开发游戏的程序员那里。“工作”⇒“赚钱”⇒“花钱”，这就是工作的本质。

就像上面的图里画的那样，人们通过工作赚钱，然后花钱，社会才能运作。

人们工作并不只是为了钱哟！

工作能赚钱，但工作的意义并不只是为了钱。为什么这么说呢？就让稻盛先生来告诉大家吧。

工作

工作为人生增光添彩

哦

要想成为
优秀的大人，
就必须工作。
认真、努力地工作，
能为你的人生
增光添彩。

活儿干完了！
光彩四射

他在发光！
只是洗完了盘子而已啦……

漫画《选工作，钱最重要？》

工作体验
工作有好多种呢。
是呀！
我想成为面包师。
我要成为名人，赚很多钱！
我想成为消防员。
啊？当消防员又危险又辛苦，钱也不多吧！
可是很酷啊。
有一天
呜呜
火灾好可怕！
哒哒
太谢谢您了。
消防员果然帅呆了！
鼓掌鼓掌鼓掌鼓掌鼓掌鼓掌
好厉害。
当消防员也不错呀！
是吧！
鼓掌鼓掌鼓掌鼓掌鼓掌鼓掌鼓掌

辛勤工作能够获得巨大的快乐！

工作能够让人快乐，但工作的快乐并不是马上就能体会到的。有时会不顺利，有时也会失败，辛苦劳累也是常有的事。

但正因为如此，工作所获得的快乐是非常特别的。认真努力、克服困难，最终达成目标时获得的感动和喜悦，比玩游戏等娱乐活动所得到的要大得多。

所以说，要想让自己的人生变得美好，就必须好好工作。

消防员

农民

电车驾驶员

木工

认真努力的人最酷！

有的人喜欢“装酷”，觉得认真努力似乎是一件丢脸的事。但稻盛先生告诉我们：“认真努力的人最酷！”大家在认真努力时，如果有人嘲笑或不屑，请记住，稻盛先生永远站在大家这边，只要坚持努力，最终就会有好结果。

工作是“灵药”

认真工作
还是一剂“灵药”，
不管有多么难过的事，
都能帮你克服。

服下这副药就行！
药方：努力工作
医生，我心情沮丧……

漫画《为大家做贡献》

1
今天干什么都失败……
唉
2
咚
好痛！
啊，对不起。
3
走路要当心哟。看你一脸消沉，怎么了？
啊，没事……
4
你现在有空吗？
5
有空的。
6
那么，帮我干活吧！
先把书包放下吧！
好……
7
请问，这是什么工作？
我们在除草。拔掉杂草后，树木能茁壮成长，人行道变得漂亮，路人也会开心。
既为树做贡献，也为人做贡献。
8
原来是为大家做贡献的工作。
9
唉
唉
唉
唉
10
完成了！
你很努力！
11
干净整洁，看着都舒服吧！
嗯！给，你辛苦了
谢谢！

工作是灵药，能把坏事变好事。

灵药

【工作的疗效】

前面讲了，大人们都要工作。但工作并不只是为了赚钱，还能让人生变得美好。

此外，工作还有一个好处。当遇到不顺或坏事时，它能赶走负面情绪，把坏事变成好事。

总之，工作是一剂灵药，不但能让人生变得美好，还能让人生变得充实。

得到了
成长！
变得积极向
上了！
药方：努力工作
感到充实了！
变得开心快
乐了！
对前途充满
了希望！

要战胜人的“三毒”

在人的心里，天生有负面的情绪和想法，它们可以被总结为“三毒”，也就是“贪”“嗔”“痴”。“贪”就是贪心，“嗔”就是愤怒，“痴”就是抱怨。这三种情绪都很可怕，但只要服下工作这剂“灵药”，就能赶跑它们。

工作

火一般的热情

工作时，
不要等别人叫你做，
要主动去做。
这种“火一般的热情”
很重要。

我来！
我来！
我来当！
谁来当大扫除值日生……
嗯……
熊熊火焰

漫画《做作业真麻烦……》

暑假
我要去图书馆了。
唉……为啥必须做作业呀？
你们也不容易呢！
啊……
嘻嘻嘻
啊！居然绕开了！
好厉害！
有意思！有意思！
沙沙沙
原来如此
哈哈
好有趣！
沙沙沙
我回来了。
哦，作业做完了？
吓！
糟了，光顾观察蚂蚁了。
作业本给我看看。
嗯
嗯
嗯
嗯
发抖
发抖
发抖
发抖
不错嘛！观察日记写得很好。
嘿嘿嘿……
松了口气

只要有『火一般的热情』，学习也好，工作也好，都能成！

前面讲过，成为大人后，就必须工作。而在工作时，要有“火一般的热情”。要想有火一般的热情，关键要爱上自己的工作。学习也是一样，不情愿的被动学习和感到有趣的主动学习，两种情况会完全不一样吧。

不管做什么，如果竭尽全力，就能树立信心。而信心会成为持续挑战的动力。

【要有“火一般的热情”】

主动去做！
坚持到底！
一定要
成功！
竭尽全力！

主动

【等别人叫自己做】

如果态度被动，什么事都要等别人的命令和指示，就不会有干劲。如果没干劲，就会产生恶性循环——“没干劲”⇒“进展不顺”⇒“完不成，没成果”。

【自己主动去做】

如果态度主动，什么事都自己抢着去做，就会充满干劲。如果有干劲，就会产生良性循环——“有干劲”⇒“进展顺利”⇒“如期完成，收获成果”。

为了别人

工作不光为自己，
还要为别人。
“为他人做贡献”
能够让人的心灵
感到富足。

漫画《为了不让大家受伤》

等等我！
好痛！
啪哒
你没事吧？
擦破了点儿皮，不过没事。我被什么东西绊了一下。
啊，是它！
真是的，居然有块石头，它会让大家受伤的。
移不动
嘿
嗯嗯……
嗬
啊
嗯
嘎啦
成功了！
骨碌
啪啪
搞定
游戏开始，我来抓你们
哈哈哈
几天后
太好了，大家不会受伤了。
哈
哈
哈
哈

工作不光是为了自己，也是为大家做贡献。

为大宗

为他人、为社会而努力，这是人最高尚的行为。工作也是如此。

人之初，性本善，每个人都有美好的心灵。在为他人做贡献的过程中，自己也能够感受到喜悦。

如果每个人都能有一颗富足的心，都能够以“奉献他人”的精神投入工作，这个世界就会变得非常美好。

4 章 总结

1 工作要认真努力，
工作能让人感到充实。

2 心情低落的时候，
工作是排忧解难的灵药。

3 要有火一般的热情，
做事要积极主动。

4 不要只顾着自己，
要时刻为别人着想。

特别篇

稻盛和夫简介

1932年，稻盛和夫在日本鹿儿岛县出生。
呜哇
小时候，他是个爱哭鬼。
呜呜
这孩子哭起来没完，可以3个小时不停。
乖乖
咱们上学去了哟！
不想去
习惯了学校生活后，当上了孩子王。
哼哼
要上初中时，他却得上了严重的结核病。
咯咯……
那时候……
和夫！

隔壁的阿姨送给了他一本书。
看看这本书，打起精神来。
谢谢！
书有点儿深奥难懂，但他很感兴趣。
我们心中有块磁石。就像磁石会吸住剑和枪等铁器，心也会把灾难和病痛吸过来。
——谷口雅春《生命的实相》
原来如此！
2
因为我一直害怕得结核病，结果意志薄弱的心就把病痛给吸了过来。
看来心态很重要！
之后，他总算升入高中、大学，最终毕业。
在大学老师的介绍下，他进了一家叫『松风工业』的公司工作，可结果……
厂房破破烂烂
工资经常拖欠
流言蜚语
那家公司搞不好要倒闭。
5

和他同时进公司的人一个个辞职。
我不干了
再见
我也想辞职，去参加自卫队。
这主意不错，要不我也去吧！
结果他考取了自卫队培训学校，可是……
您的信
咦？哥哥的来信。
家里努力送你上了大学，让你有了份工作，可你却说公司的坏话，还想辞职不干！
呃
你要珍惜自己的工作，好好干！
是呀，家里人为了供我读书拼命工作。
我不能随便辞职。
好吧！那我就在这里好好干下去！

后来……
稻盛，你的研究成果太优秀了！
谢谢夸奖！
受到表扬，好开心！
因为感到开心，所以有努力的动力。
因为努力，所以越来越顺利！
他是第一个在日本取得该成果的人。
就这样，埋头工作的稻盛和夫，成功研发出了由镁橄榄石制成的U字形绝缘体。
为了完成大公司给的订单，他越发努力地投入研发工作。
还是搞不定啊……
面对困难 艰苦奋斗
愤怒
看来你不行啊，换别人来做吧！
既然这么不信任我，那我辞职！

如果稻盛辞职，那我也不干了！
我也是！
我要追随稻盛！
好！那么大家创办一家新公司吧！
好啊！
于是，稻盛和夫在1959年创办了『京都陶瓷公司』。
既然大家愿意和我一起奋斗，那我一定不能失败。
必须拼命努力！
京都陶瓷公司
工作就像马拉松，应该保留体力、掌握节奏吧！
我们起跑已经晚了。
必须比其他公司跑得更快！
这种艰苦奋斗的精神使公司不断发展壮大。

1982年，公司更名为『京瓷』。
我有事找大家商量。
咱们公司现在有1500亿日元的现金储备。
我想动用其中的1000亿日元。
要用来干啥？
日本的电信业一直被『电电公社』这家公司垄断。
所以日本的话费比其他国家贵。
电电公社
别啰啰唆唆，电话费很贵的，赶紧挂了！
大家盼望有新公司参与竞争，这样话费就会降下来。
可没人敢挑战『电电公社』。
电电公社
那就让我来挑战！
好啊！
对这件事，稻盛和夫其实一直有烦恼。

再创办一家新公司，这个想法究竟好不好？
自己是不是只是为了出名？
不，不是的。
我纯粹是为了贡献社会和大众。
应该放手去干！
1984年，京瓷创立了叫作『第二电电』的电信公司。
au
这家公司现在提供『au』等各种电信服务。
2010年
日本政府请稻盛和夫拯救破产的『日本航空公司』。
我完全不懂民航业，很难接受这项任务。

但政府多次拜托他。
大家都觉得日本航空不行了，如果我能让它重整旗鼓的话，
那么就能给其他经营不善的企业带去希望和力量。
这样就能振兴日本经济。
等于是为社会、为世人做贡献。
2
我接受这项任务。
但我不要薪水。
谢谢您！
3
成为日本航空公司的会长后，他和员工们积极交流。
JAL
4
员工们领悟了他讲的道理，日本航空公司重生了，
并成为全世界首屈一指的航空公司。
5

稻盛和夫小时候得过重病。
中考两度失败，高考也没能被理想的大学录取。
就业时也没能进入理想的公司……真是充满挫折。
但就像这本书里讲的，他有一颗为他人奉献的心，并且抱有坚定的信念。
他碰到困难不退缩，『极度认真』地过好每一天，最终取得巨大成功。
只要每天都『极度认真』地奋斗，梦想就一定会实现！
稻盛和夫的人生经历和思维方式，一定会帮助大家走向成功。

图书在版编目（CIP）数据

培育孩子的美好心灵 /（日）稻盛和夫监修；周征文译 .— 北京：东方出版社，2020.1
ISBN 978-7-5207-1244-6

Ⅰ. ①培… Ⅱ. ①稻… ②周… Ⅲ. ①稻盛和夫 (Kazuo, Inamori 1932-) —人生哲学—儿童读物
Ⅳ. ① K833.135.38-49 ② B821-49

中国版本图书馆 CIP 数据核字（2019）第 240133 号

INAMORI KAZUO SHIN DOTOKU KODOMO KOKORO NO SODATEKATA
supervised by Kazuo Inamori
Copyright © 2018 Kazuo Inamori
All rights reserved.
Original Japanese edition published by SEITO-SHA Co., Ltd., Tokyo.
This Simplified Chinese language edition is published by arrangement with
SEITO-SHA Co., Ltd., Tokyo in care of Tuttle-Mori Agency, Inc., Tokyo
through Hanhe International (HK) Co., Ltd.

本书中文简体字版权由汉和国际（香港）有限公司代理
中文简体字版专有权属东方出版社
著作权合同登记号 图字：01-2019-5328号

培育孩子的美好心灵
（PEIYU HAIZI DE MEIHAO XINLING）

监　　修：[日] 稻盛和夫
译　　者：周征文
责任编辑：贺　方
出　　版：东方出版社
发　　行：人民东方出版传媒有限公司
地　　址：北京市东城区朝阳门内大街166号
邮　　编：100010
印　　刷：北京联兴盛业印刷股份有限公司
版　　次：2020 年 1 月第 1 版
印　　次：2025 年 12 月第 9 次印刷
开　　本：889 毫米 ×1194 毫米　1/24
印　　张：4.5
字　　数：31 千字
书　　号：ISBN 978-7-5207-1244-6
定　　价：38.00 元
发行电话：（010）85924663　85924644　85924641

版权所有，违者必究
如有印装质量问题，我社负责调换，请拨打电话：（010）85924602　85924603